Stufe 1

LeseLernWissen

Schiffe und Boote

Denise Ryan

Xenos

Inhalt

Es gibt viele unterschiedliche Boote und Schiffe. Hier erfährst du mehr darüber.

Erste Schiffe

Die ersten Schiffe waren aus Holz gebaut. Sie hatten große Segel, die den Wind einfingen.

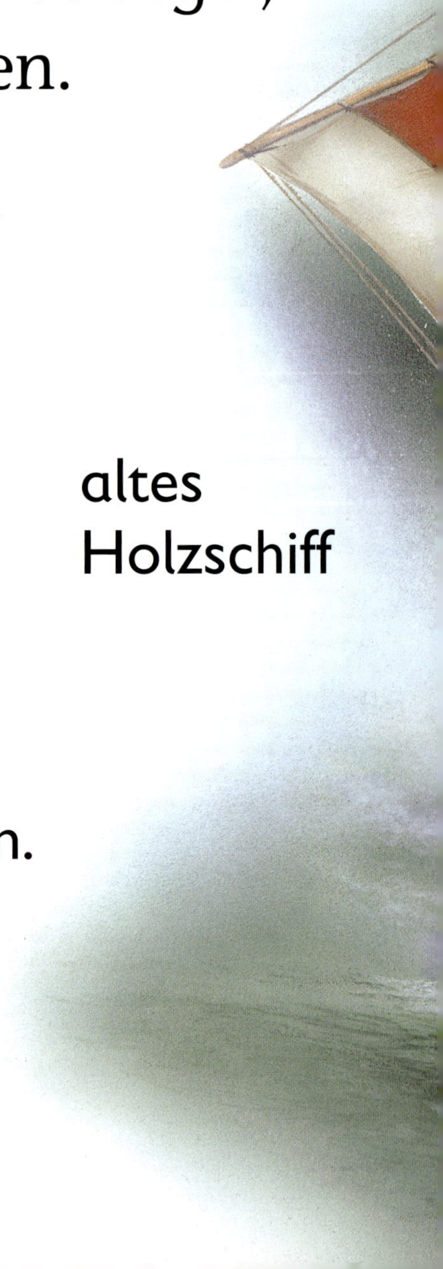

altes Holzschiff

Diese alten Holzschiffe beförderten Waren von einem Hafen zum anderen.

großes Segel

Inselkanus

Die Menschen im Südpazifik benutzten große Kanus, um von einer Insel zur anderen zu kommen.

Sie paddelten mit ihren Kanus über das Meer.

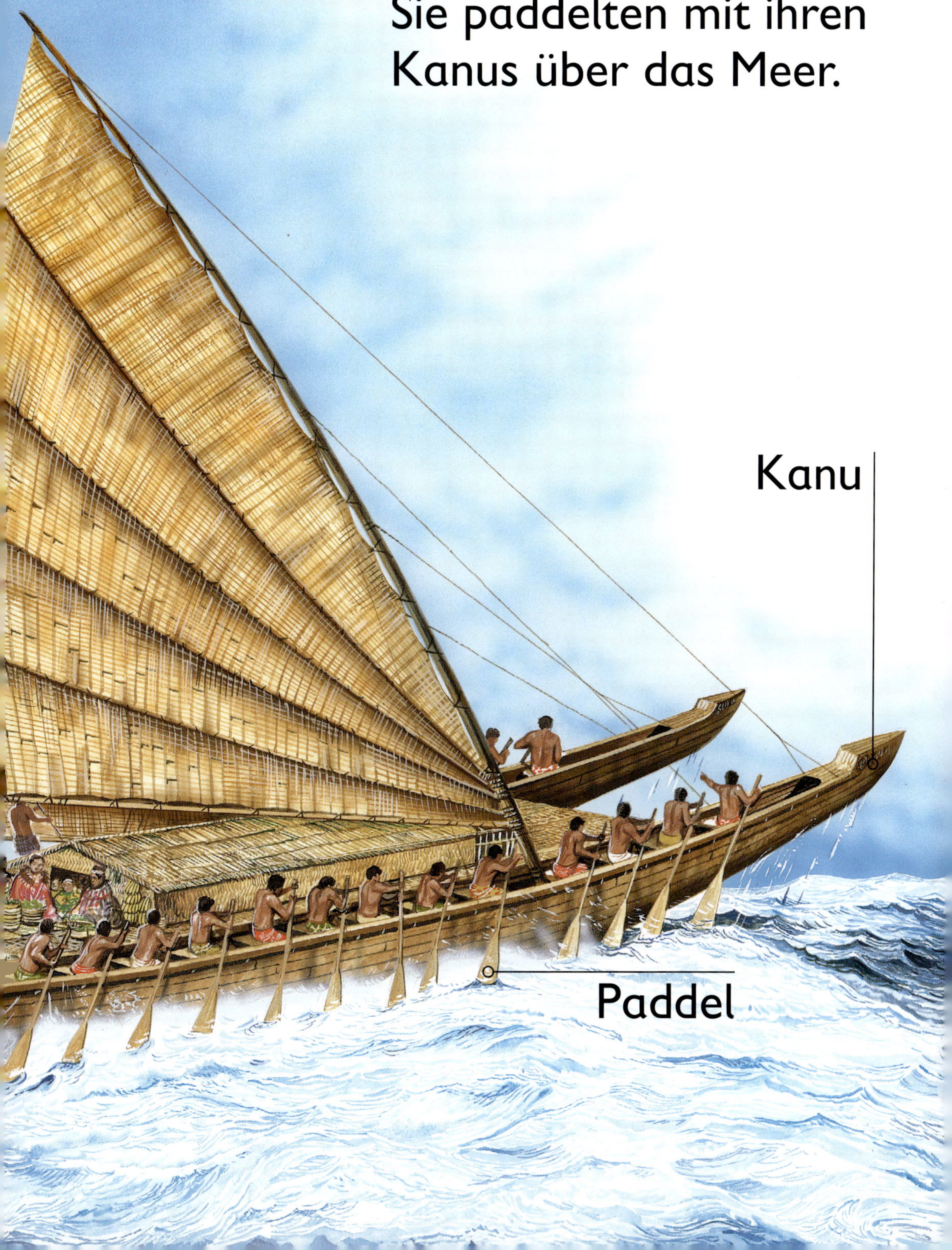

Nilboote

Im alten Ägypten fuhren Boote den Nil entlang. Sie hatten Leinensegel. Die Bootsenden lagen höher als die Mitte.

Diese höher liegenden Bereiche waren für Passagiere bestimmt.

Leinen-
segel

Arabische Daus

Eine Dau ist ein arabisches Boot mit einem dreieckigen Segel und einem Holzrumpf. Es wird vom Wind bewegt.

Daus segeln schon seit Tausenden von Jahren durch arabische Gewässer.

Segel

Dschunken

Chinesische Dschunken hatten riesige Segel, die von Bambusleisten durchzogen waren. Die Chinesen segelten damit weite Strecken über die Ozeane.

Die Besatzung einer Dschunke bestand aus bis zu 130 Männern.

Santa Maria

Christoph Kolumbus war Kapitän von drei Schiffen, die 1492 nach Amerika segelten. Die *Santa Maria* war das größte Schiff.

Die Matrosen lebten unter Deck.

unter Deck

Schiffsmast

Klipper

Klipper kamen aus Amerika. Diese sehr schnellen Schiffe waren schmal und hatten viele Segel.

Klipper segelten um die ganze Welt.
Sie beförderten Waren und Passagiere.

Kreuzfahrtschiffe

Kreuzfahrtschiffe sind Passagierschiffe. Sie transportieren Hunderte von Menschen über die Weltmeere.

Dieses Kreuzfahrtschiff ist ein Dampfschiff aus vergangener Zeit. Es wurde mit Dampf angetrieben.

Flugzeugträger

Ein Flugzeugträger ist ein riesiges Schiff. Flugzeuge starten und landen darauf.

Die Flugzeuge befinden sich sowohl an Deck als auch in großen Hallen unter Deck, die Hangars genannt werden.

Rennboote

Rennboote fahren sehr schnell durchs Wasser. Sie werden von einem Motor angetrieben.

Dieses rot-weiß-schwarze Rennboot flitzt über einen See.

Quiz

Finde zu jedem Bild den passenden Schiffsnamen.

Dschunke

Kreuzfahrtschiff

Klipper

Flugzeugträger